# UN

# SOUVENIR

# UN SOUVENIR

# DISCOURS

prononcé

## le Mercredi 25 Avril 1877

AU MARIAGE

De Monsieur MARCEL DELAMAIRE

Avec Mademoiselle BERTHE PINSON

*En l'Église de Bourg-la-Reine.*

MON FRERE, MA SŒUR,

Le noble Israélite Gabélus prononçait naguère ces paroles de bénédiction sur la tête du jeune Tobie et de Sara sa nouvelle épouse.

Soyez béni de Dieu, mon fils, parce que vous êtes né d'un homme excellent, plein de justice et craignant le Seigneur, parce que vous êtes le fils d'un homme dont ceux qui souffrent connaissent la générosité.

Que cette bénédiction s'étende sur votre épouse et sur votre parenté tout entière.

Que votre lignée soit bénie par le Dieu d'Israël, c'est-à-dire que votre descendance ne s'éteigne jamais, étant vivifiée par Celui qui vit et qui règne dans les siècles des siècles.

Cette bénédiction, dans quelques instants vous allez la recevoir, et vous la méritez; mais auparavant, que votre esprit attentif en pénètre le sens profond; car, en même temps qu'elle vous promet et qu'elle vous assure le bonheur, elle vous donne un haut enseignement.

Elle vous rappelle que si tout jeunes que vous êtes, tant de sympathies se pressent déjà autour de vous, que si vous voyez se multiplier devant vous de longs jours de prospérité, vous le devez à ceux qui groupés à vos côtés, ici, sous mes yeux, et invisiblement aussi, sans doute, VOUS ONT FAIT AIMER DE DIEU ET DES HOMMES par leur vie de courageux labeur, de paternel dévouement, de vertu chrétienne.

DIEU RÉCOMPENSE LES VERTUS DES PARENTS, JUSQUE DANS LEUR TROISIÈME ET QUATRIÈME GÉNÉRATION, nous disent quelque part les Saintes Lettres.

Cette loi tout empreinte de l'admirable Sagesse du gouvernement divin, est écrite à la première page de votre vie. Vous l'y avez lue souvent. Dans votre enfance, et depuis, vous avez maintes fois constaté les bienfaits dont elle était le canal pour vous, néanmoins, je vous engage à la relire aujourd'hui.

Tout à l'heure surtout quand sous l'impression d'un des moments les plus solennels de votre vie, à genoux, vous prierez, ....., comme jamais peut être vous n'avez prié, déroulez avec respect au regard de votre âme cette LISTE D'HONNEUR QUI S'OUVRE PAR LE NOM DE VOTRE PÈRE ET DE VOTRE MÈRE; et, à mesure qu'un nom se prononcera dans votre cœur, saluez-le avec une reconnaissance émue et par une confiante prière.

DIEU EN EFFET, VOUS DONNE AUJOURD'HUI MÊME, LE PRIX DU BIEN PRATIQUÉ LONGTEMPS AVANT VOUS par ceux dont le sang coule dans vos veines.

Je n'insiste pas sur les beautés harmonieuses de la divine Economie QUI ARRACHE AINSI L'HOMME A UN ISOLEMENT FUNESTE en le rattachant au passé et en l'étendant dans l'avenir; et qui, par là, LUI REND FACILE LA MODESTIE DANS LE SUCCÈS en lui disant que nul ne fut jamais complètement fils de ses œuvres; et le STIMULE AUX GRANDES ACTIONS, par la considération de ses futures mais très-réelles Responsabilités.

Je crois préférable de maintenir votre attention sur LES DEVOIRS que cette loi providentielle vous impose et sur LES ESPERANCES qu'elle vous permet de concevoir.

En vous se vient résumer le passé en vous veut s'éclore l'avenir.

Vous briguez, je le sais, l'honneur d'ajouter au mérite de nos aïeux.

Que devez-vous faire pour celà?

ETRE CHRÉTIENS L'UN ET L'AUTRE PARTOUT ET TOUJOURS. Tout est dans ce seul mot, et, LE BONHEUR DE LA FAMILLE que vous fondez et LA DIGNITÉ de votre vie.

Or ÊTRE CHRÉTIEN, vous le savez, c'est porter en soi une FIÈRE ET DÉLICATE CONSCIENCE qui donne LARGEMENT A DIEU ET AUX HOMMES ce qui leur est dû et qui tient l'homme dans LE RESPECT DE LUI-MÊME.

CETTE CONSCIENCE VOIT TOUTES CHOSES A LEUR VÉRITABLE POINT DE VUE.

Devant elle, L'HOMME QUI TRAVAILLE n'est plus seulement UN VULGAIRE ENTREPRENEUR DE FORTUNE à édifier, c'est un NOBLE

EXILÉ DU CIEL, qui par le Bien penser et le Bien agir fait ses preuves de grandeur réparée et d'innocence reconquise avant d'y rentrer par le mérite.

Devant elle, L'ENFANT DANS LA FAMILLE, n'est plus seulement un être, vers lequel l'instinct naturel dirige de bien ardentes, mais aussi souvent de bien aveugles affections ; c'est encore UN DÉPOT DE GRAND PRIX, mis par Dieu, son seul véritable propriétaire, entre les mains du Père et de la Mère, afin que l'un et l'autre le gardent et le fécondent, et cela, dans LA PERSPECTIVE SÉVÈRE D'AVOIR A RENDRE AU DERNIER JOUR UN COMPTE EXACT de cette difficile mission de confiance.

Pour la Religion Chrétienne, LE MARIAGE, tout en demeurant cette union humaine aux liens indissolubles, aux encouragements nécessaires, aux consolations réparatrices, nous apparaît de plus comme UN ÉTAT SUBLIME, qui prend naissance dans un Sacrement de l'Eglise, c'est-à-dire dans le sang de JÉSUS-CHRIST et QUI POURSUIT UN BUT GRANDIOSE, je dirai presque sacerdotal; donner, au Monde DES HOMMES UTILES, à l'Eglise DES CHRÉTIENS qui l'honorent, et au Ciel, DES AMES IMMORTELLES qui le peupleront pour toujours.

La conscience chrétienne enfin, en rappelant à l'homme et à la femme unis par le Mariage, leur HAUTE DIGNITÉ PERSONNELLE et LA MAJESTÉ, ce n'est pas trop dire, DE LA MISSION qu'ils doivent remplir, fait pénétrer dans leur vie intime cette aménité de paroles, cette courtoisie de procédés, cette indulgence réciproque ; en un mot CE CERTAIN FINI que je ne puis peindre, et qui caractérise toujours les familles profondément religieuses, en fixant le bonheur à leurs foyers, malgré les épreuves les plus dures et les plus inattendues quelquefois.....

Il y a déjà longtemps, MON FRÈRE, que pour la première fois dans vos épanchements intimes avec moi, (vous me permettrez cette indscrétion), vous m'avez fait entrevoir L'IDÉAL NOBLE de celle que vous désiriez voir appelée à vous soutenir dans la vie de travail et de probité, qui est tout l'objet de votre ambition. Vous parliez..... J'écoutais silencieusement l'aveu de vos désirs, (non sans quelque sourire incrédule sur la fidélité de l'avenir à votre juvénile confiance).

Vous me traciez de votre futur foyer domestique et de votre vie d'affaires le tableau que je viens d'esquisser moi-même, en vous disant que tel est l'Exemplaire que la Religion impose à votre Conscience Chrétienne.

Nous flétrissions ensemble L'APRETÉ AU GAIN qui absorbe tout l'homme dans l'argent et condamne à une sorte d'atrophie les plus belles facultés de son âme.

Nous flétrissions aussi L'INSOUCIANCE ET L'INOCCUPATION DE LA VIE, qui compromettent les intérêts les plus graves à nous providentiellement confiés, après avoir avili l'homme, créé pour être utile, dans une coupable stérilité d'œuvres sérieuses.

Vous me manifestiez, non sans quelque enthousiasme, votre grande estime et VOTRE ATTRAIT SPONTANÉ POUR CES FAMILLES PATRIARCHALES, aux enfants nombreux, affectueusement mais aussi gravement élevés.

Vous répugniez visiblement à suivre le COURANT DE MOLLESSE LUXUEUSE, qui entraîne aujourd'hui tant de Familles à une ruine qu'elles ne soupçonnent pas.

Ainsi m'entreteniez-vous, ajoutant à la fin, qu'à la réalisation de ces vues généreuses et pour suppléer à votre impuissance, UNE CHOSE ÉTAIT NÉCESSAIRE ; LE CONCOURS D'UNE COMPAGNE, dont alors vous me dépeigniez LES NOBLES TRAITS.....

Elle devait avoir, me disiez-vous, UN ESPRIT FERME ET ÉCLAIRÉ, — LE CŒUR DÉLICAT ET DÉVOUÉ, — UNE RELIGION SIMPLE sans afféterie, MAIS SOLIDE ET PROFONDE, — des inclinations et DES GOUTS SÉRIEUX ET MURS.

En vous entendant, je me félicitais de constater la raison calme qui présidait à vos projets d'avenir, mais JE DOUTAIS qu'ils fussent jamais PLEINEMENT ACCOMPLIS.....

Vous doutiez bien un peu vous-même quelquefois, n'est-ce pas ?

Cependant nous avions tort l'un et l'autre, NOUS COMPTIONS SANS LES PRIÈRES DE DEUX

Mères conjurées ensemble devant Dieu pour le bonheur de leurs enfants!

Et que ne peut une mère en prière!...

Des circonstances ont surgi — deux familles l'une à l'autre inconnues ont été providentiellement mises en rapport. — Elles se sont estimées et aimées dès l'abord. De longs épanchements, de graves communications, la réflexion mûrie; la prière devant Dieu, tout a confirmé la première impression... et voici que le dénouement de toutes ces choses est la pleine satisfaction de vos désirs! . . . . . . . . . . .

Vous aurez, mon frère, pour compagne de votre pélerinage sur terre celle-la même que vous demandiez, une femme chrétienne qui sera tout à la fois et la force et la joie et l'honneur de votre foyer.

Vous tolérerez, ma sœur, que je dise du bien de vous et que je blesse un peu votre modestie.

Que font autre chose en ce moment tous ceux qui vous entourent.....

La flatterie, je le sais, est défendue au chrétien parce qu'elle exagère. — La sincérité qui s'ouvre naïvement ne peut pas l'être.

Or, ce que je viens de vous dire de ma part, et de la part de celui surtout qui dans quelques instants sera votre époux, JE LE PENSE PLEINEMENT.

A vous, MA SŒUR, de faire remonter vers vos parents et vers Dieu la louange que vous recevez; vous êtes trop chrétienne pour ne pas le faire.

SOYEZ DONC LA BIENVENUE AU MILIEU DE CEUX DONT JE PORTE LE NOM. (qui désormais sera le vôtre), nous vous demandions à Dieu et nous vous attendions sans vous connaître, maintenant vous êtes à nous !

Toutefois pour avoir une famille d'adoption, vous ne perdrez pas celle que vous acquites en naissant; UN SEUL CHANGEMENT interviendra dans votre passé c'est qu'à L'AVENIR VOUS SEREZ AIMÉE DEUX FOIS.

Vous dirai-je, en terminant, une pensée que VOTRE VUE ET LE NOM QUE JE VOUS DONNE, éveille dans mon âme, et, je n'en doute pas, dans celle des miens aussi...

Vous allez PRENDRE AU FOYER DE MON PÈRE UNE PLACE QUE LA MORT Y A FAITE... Quand vous y serez nous pleurerons encore..., car celle qui la tenait était si douce et si bonne.....!

Toutefois VOUS Y SEREZ... et, sans nous faire oublier une séparation cruelle, votre présence en adoucira l'amertume. Nous vous regarderons comme L'IMAGE VIVANTE de celle qui n'est plus.

C'est assez vous dire quelle affection vous vous trouverez parmi nous.

Je m'arrête...... dans un instant l'un et l'autre vous allez me donner vos serments tandis que Dieu les recevra..

QUE LE NŒUD FORMÉ PAR EUX DURE LONGTEMPS!

Que le ciel vous accorde de voir les enfants de vos enfants.

C'est un bonheur que l'Église souhaite à tous ceux qu'elle bénit parcequ'il est bien grand.

Qu'il vous soit accordé D'OBÉIR toujours à la DIVINE GRACE du sacrement qui va descendre sur vous, ELLE VOUS PROVOQUERA SOUVENT A DES DÉVOUEMENTS SUBLIMES, à des devoirs austères, écoutez-la cette grâce car par elle jamais vous ne manquerez de lumière ni de force.

Enfin JÉSUS-CHRIST va venir à cause de vous sur l'autel.

Il va offrir à son Père sa Prière et son Sacrifice de la Croix POUR VOUS, demandez par Lui ce que vous voudrez. — Vous êtes à un jour où l'on prie bien et par conséquent à un jour où l'on est sûrement exaucé.

Demandez surtout à Dieu qu'il crée en VOUS L'ENERGIQUE, RAISONNABLE ET FÉCOND AMOUR qui unit JÉSUS-CHRIST à sa SAINTE EGLISE. Si vous vous aimez comme ils s'aiment, votre amour comme le leur vivra jusque dans l'Eternité !

Paris — Imp. F. PICHON, 14, rue Cujas, et 31, rue des Feuillantines.

www.ingramcontent.com/pod-product-compliance
Lightning Source LLC
LaVergne TN
LVHW010114060726
842524LV00006B/2517